Donovan Bogoni

LES JOURS DE PLUIE

2013

© 2019, Bogoni, Donovan
Edition : Books on Demand,
12/14 rond-Point des Champs-Elysées, 75008 Paris
Impression : BoD - Books on Demand, Norderstedt, Allemagne
ISBN : 9782322155972
Dépôt légal : novembre 2019

Un fragment de mythe sumérien raconte l'histoire de Dumuzi et Inanna. Celle-ci, reine d'en haut, veut renverser sa sœur Ereshkigal, reine d'en bas, pour étendre son empire. Mais elle échoue. Ereshkigal lui donne une chance : elle pourra retourner dans son royaume si quelqu'un d'autre prend sa place en Irkalla, l'Enfer. Elle y envoie son époux Dumuzi. La sœur de celui-ci, Geshtinanna, lui promet de venir le remplacer la moitié de l'année. Ce poème raconte la suite. Dumuzi a renversé Ereshkigal, et envoyé un mercenaire chercher sa sœur qui, malgré sa promesse, n'est jamais venue. Une pluie acide s'abat sur l'Enfer-prison.

Personnages

Dumuzi, roi déchu

Geshtinanna, sœur de Dumuzi

Ereshkigal, reine d'Irkalla

Nergal, époux d'Ershkigal

L'enfant mercenaire

DUMUZI

Revenant de l'antichambre, un haut de scaphandre sur la tête. Il l'enlève.

Je n'ai pas réussi à sortir une goutte
Même là, elle m'espionne, elle m'écoute
Je la voyais fougueuse à travers le vitrail
Et dans l'étranglement de ce lourd attirail
Je fus la proie d'une volonté indicible !
Me disperser en elle, achever cet horrible
Tourment qui me retient, hagard, captif ici
Épouvanté, transi, quand bien même j'ai pris
En main cette prison et que j'en ai vaincu
Le pitoyable couple qui n'osera plus
Me traiter en vassal, oublier qui je suis
Ô oui me délivrer dans cette infâme pluie…
Combien de temps lui faudra-t-il pour la ronger
Cette pierre écarlate de l'Enfer coulé ?
Je crois bien, au bruit des fracas, qu'il pleut des âmes
Et que l'amoncellement des vingt-et-un grammes
Fera sourdre l'obscur, fera ployer le toit
Écrabouillera comme une vermine un roi

Il s'assoit sur son trône et regarde le couple au sol qui s'entre-dévore.

Regardez-vous un peu, mes chers amis geôliers !
Votre gloire est bien loin, et vous ne suscitez
Nulle pitié, à peine un début de dégoût

Et un rire, chez moi, plus noirâtre que vous !
Ereshkigal, ma si belle, tu ne l'es plus !
Ton visage qui pèle et tes yeux pleins de pus
Rendent même insoutenables les souvenirs
Dans lesquels je peux voir tes mains me retenir
En sueur sous ton corps épuisé, extatique
J'aimais ta sœur, oui certes. Mais, si magnifiques
Tes courbes pouvaient la déplanter de ma tête
Et quand j'avais sombré, quand la chose était faite
Je l'aimais plus encore pour t'avoir appris
Ce qui nous amusait des heures dans ton lit
Je me savais, pour toi, rien de plus qu'un esclave
Les litres écumants de ta brûlante bave
Ne creusaient mon torse d'un sépulcre béant
Qu'à défaut de creuser celui de ton amant
Moi, je n'étais qu'un chien, m'y faisant, je l'avoue
C'est lui, et lui seul, que tu voulais comme époux
Mais j'aurais, sans même douter, abandonné
Cette garce incapable de se dévider
Pour y faire un nid douillé à ma descendance
Par sa faute, rien ne prouvera ma présence
Dans ce monde qui roule jusqu'on ne sait où
Cherchant dans les ténèbres du cosmos un trou
Pour s'endormir et cesser de tourner en rond
Ô je suis comme lui ! Mais je pourris au fond
Du puits sans pouvoir, même un instant, m'endormir
Tu me torturais sans vouloir me voir mourir
J'en suis navré. Désormais tu es à mes pieds
Et ton Nergal ne sait même plus qui tu es
Ôte un à un les lambeaux de sa peau noircie
Qui faisaient ses joues, qui recouvrent ses pupilles
Mais c'est en vain. Il ne te verra plus jamais
Ses yeux sont retournés comme un pantin brisé

J'ai presque un début d'attendrissement pour lui !
Quand je songe à tous les coups-bas qui l'ont conduit
Dans cet ici-bas ! Tiens, raconte-nous l'histoire

Un temps

La honte l'a t-elle rayée de ta mémoire ?

Il descend de son trône et tourne autour du couple

Je vais nous la redire pour passer le temps
L'enfant n'arrive pas, et j'ai le sentiment
Qu'il est encore loin de cette citadelle

Il s'accroupit près d'Ereshkigal

La sublime Ereshkigal avait tout pour elle
Une beauté sans équivalence, un empire
Dans lequel ériger en loi tous ses désirs
Mais en elle à vrai dire, il n'y en avait qu'un
Le corps d'un homme contre elle tous les matins
Le frivole Nergal se laissa une nuit
Entraîner dans ses draps. Mais par-dessus les bruits
Qui vibraient dans sa bouche et vibraient dans les murs
Un malaise s'accrut en lui et à mesure
Que l'étrange pâmoison tirait en longueur
Il se décida : dès la première lueur
Il disparaîtrait sans laisser la moindre trace
L'aube grimpa, et lui grimpa vers la surface
Puis s'envola. Enlaçant tristement le vide
Elle sursauta. Dans la couche encore humide
Elle revécut la nuit en une seconde
Se sentant d'abord profanée, turpide, immonde
Et voulut se diluer dans leurs sécrétions

S'étouffer dans le cri répété de son nom
Mais la rage apparut, et elle se jura
De retrouver celui qui déserta ses bras
Elle implora les dieux de fouiller l'univers
De passer au tamis les cieux, les sols, les mers
Tout faire pour le rattraper, le mettre en laisse
Et le traîner jusqu'à sa nouvelle maîtresse
Mais ils furent hilares, marmonnant entre eux
Qu'une reine qui court après la vie à deux
Ne sait pas qu'elle court après l'atroce ennui
Après la mise à mort de la paix de ses nuits
Et lui firent comprendre au-travers des rictus
Qu'elle n'aurait, de ces déités, rien de plus
Qu'un léger tapotement moqueur sur l'épaule
Et le tout premier rôle d'une histoire drôle
Alors, d'une voix onctueuse, elle promit
Que la strate des vivants serait engloutie
Par les morts qu'elle tient captifs en son royaume
Ils pâlirent. Prête à les broyer dans sa paume
Elle prit l'avantage et les fit obéir
D'un regard qui les ferait maintenant frémir
Les dieux reniflèrent pendant des mois les mondes
Ils scrutèrent des années-lumière à la ronde
Mais aucun ne parvint à retrouver Nergal
Et le temps éventrait la reine comme un pal
Alors elle ébruita la rumeur intrigante
D'un drame en Irkalla : la mort de sa régente
Au bout de l'accouchement d'un petit garçon
Nergal en eu écho, et pris à l'hameçon
Par une inexplicable ferveur paternelle
Tomba dans le panneau, et les griffes de celle
Dont il avait, soulagé, allègre, accueilli
La nouvelle du cœur et du corps refroidis
Quand il comprit la tromperie, c'était trop tard

Elle utilisa les bouts de son cœur épars
Pour le clouer sur place. Et léchant son visage
Elle susurra : « Maintenant tu seras sage »
Terrorisé, subjugué, Nergal acquiesça
Et la reine, agenouillée, le récompensa
Par assuétude et presque par désespoir
Une affinité s'ébaucha, et quand le soir
Les enveloppait tous deux jusqu'à l'asphyxie
L'assujetti jetait un œil sur la sortie
Avant de se plonger dans la vulve impériale
En se disant que l'affreux parfum qu'elle exhale
Est préférable au parfum de la pourriture
Du cachot, gardé pour lui, derrière le mur
Il apprit à aimer, peu à peu, la reluire
Et fit une croix sur le désir de s'enfuir

Soliloquant

J'aurais fait un excellent conteur il me semble
Mais hormis ces deux cafards qui se désassemblent
Mon public se résume à moi, et je me lasse
D'écouter les remous de mes mots dans la crasse

Un temps

Vous m'ennuyez tous les deux, je remets mon masque
Un haut-le-cœur s'amorce à la vue de vos frasques
Et je crois qu'il est temps de sortir les poubelles
Je ne veux plus avoir à tenir la chandelle
Même si, j'en conviens, je fus très amusé
De voir la cire couler pour vous déformer

Il met le scaphandre, traîne le couple dehors. Il revient, retourne sur son trône, s'agite.

Je deviens fou. Mais que peut bien faire l'enfant ?
Elle gangrène mon crâne pendant ce temps
Mon adorable… Non, ma traîtresse Inanna !

Il sort de sous le trône une petite boîte en bois, l'examine, l'ouvre,
la referme et la repose.

J'ai voulu te combler, tu m'as rejeté là
Je me souviens pourtant d'avoir courbé l'échine
De t'avoir laissée m'immerger dans ta cyprine
Et de ne m'être jamais plaint de tes sévices
Je sens des bouts de mon âme qui se flétrissent
Entre mes organes déjà bien fissurés
Ce sont tous les bouts que tu ne m'as pas volé
Je me hais pour t'avoir un jour trouvée charmante
Et pour avoir rêvé qu'au-travers de ta fente
Se glisse au-dehors, dans mes mains, mon petit roi
J'ai tellement rêvé de cette vie à trois…
Inanna, ô Inanna, que m'as-tu donc fait ?
L'effrayante avidité qui te dévorait
Déchiqueta cette trop fébrile monade
Qui ne fut que le creuset de notre noyade
Et plus puissante que moi, tu pris l'ascendant
Parvenant dans le chaos des débattements
À t'appuyer sur moi, sortir de l'échaudoir
Et me river dans le fond sans aucun espoir
De te revoir un jour dans l'empire d'en haut
Pour enfin remettre les compteurs à zéro
Cette heure où tout dérailla m'est encore claire
Comme l'astre de feu qui brille dans l'Ether
Je te revois, rageuse, partir au combat
Traverser les limbes qui mènent tout en bas
Lassée d'un royaume trop exigu pour toi

Mais tu n'atteignis pas la porte et le beffroi
S'ébranla sous le bourdonnement de la cloche
Ta sœur, ton ennemie, déjoua ton approche
Aussi vite qu'un furtif claquement de doigts
Tu perdis tout pouvoir, tu perdis tous tes droits
Et fus mise à genoux devant l'impératrice
Qui pourrit maintenant avec les immondices
Un vestige étonnant d'empathie pour sa sœur
Se fraya, malgré tout, un chemin jusqu'au cœur
Ereshkighal alors te donna une chance
D'abjurer ton incommensurable insolence
Et l'envie qui fait tes yeux plus gros que ton ventre
Te poussant à vouloir prendre d'assaut un antre
Où la Mort, suzeraine, t'aurait rendue folle
Tu pouvais repartir de cette nécropole
À la condition de ne pas laisser vacante
La place que ta convoitise bouillonnante
Fraisa dans la doline de l'enchanteresse
Qui fut, je le confesse Inanna, ma maîtresse

Murmuré

Mais combien d'inconnus te sont passés dessous ?

Reprenant le ton initial

Ta sœur, commiséreuse, t'ouvra le verrou
En échange de quelqu'un pour te remplacer
Chargeant deux Anunnaki de te surveiller
Tu remontas, pour leur désigner l'innocent
Qui subirait pour toi dans cet aven puant
Et ce fut ton époux que tu montras du doigt
Balayant tout l'amour qu'il nourrissait pour toi
Inanna je t'aimais, je le sais maintenant

Tu le vois d'où tu es, ici j'ai tout le temps
Pour rappeler à moi la vie que j'ai vécue
Du moins, les souvenirs que je n'ai pas perdus !
Ces évocations, retournant le sablier
Des minutes en trop qui peinent à passer
Me rappellent pourtant qu'elle est tentaculaire
Cette solitude qui me pousse à me faire
Le récit d'un passé qui me bourrèle tant
Mais qui seul peut réduire, pour un bref instant
La pression des scolex de mon isolement
S'employant fermement à me rendre dément
Nulle créature dans ce terne caveau
Pour attraper au vol les pensées dans mes mots
Je peux les voir se disloquer sur les voussures
Et tomber en grêlons brutaux qui me fracturent

Ses yeux se rivent au plafond

Ceux qui connaissent l'horreur de la claustration
La plus totale, exemptée de consolation
Connaissent l'adoration la plus absolue
De la moindre lueur solaire entr'aperçue
Mais j'ai, moi, l'épaisseur de tout un océan
Qui brouille le peu de clarté du firmament
Qui reste à ceux d'en haut et qui n'est plus qu'un point
Dont je deviens parfois le plus zélé témoin
Quand l'eau n'est pas troublée, ni mes yeux pleins de
[larmes

On frappe très fort au portail

Comme j'aime la mélodie de ce vacarme !
L'enfant est enfin là, il me la donnera !

Il met le scaphandre, traverse l'antichambre et lui ouvre. L'enfant-mercenaire entre en traînant une femme endormie, robe blanche déchirée çà-et-là, de la cellophane tout autour de la tête. Dumuzi enlève à nouveau son scaphandre.

Je vois que tu n'as pas respecté le contrat
Je la voulais vivante et toi, tu me l'apportes
Toute bleue, étouffée…

L'ENFANT MERCENAIRE

Non, elle n'est pas morte
Regardez-bien, un trou laisse entrer l'oxygène
Vous n'imaginez pas comme elles se démènent
Les femmes qui savent pourquoi on les enlève
Et elles ne craignent ni la poix ni le glaive
Elles nous sautent à la gorge et nous déchirent
Vous comprenez donc pourquoi j'ai dû recourir
À un demi-coma pour pouvoir l'amener ?

DUMUZI

Sa chair azuréenne me pousse à douter

Il se met à genoux, pose sa tête sur la poitrine de la femme

Tu ne mens pas l'enfant, son cœur palpite encore

Il dépose un baiser sur son crâne

Elle m'accordera enfin ce réconfort
Dont j'ai besoin pour ne pas perdre la raison
Mais peux-tu m'expliquer, mon ami, l'allusion
Aux « femmes qui savent » ? Était-elle au courant ?

A-t-elle dit quelque chose me concernant ?

L'ENFANT MERCENAIRE

Lorsque j'ai brûlé vifs son époux et sa fille
Elle hurla en boucle ce mot : « Dumuzi ! »
Celles qui ne savent rien se résignent vite
Surprenant n'est-ce pas ? Vous l'avez, je vous quitte
Et maintenant mon père ne vous doit plus rien

DUMUZI

Il en faudrait bien plus pour rembourser le bien
Que je lui ai fait en l'accueillant dans l'enceinte
De ma splendide Bad-Tibira, hors d'atteinte
Des dieux craintifs de qui je suis…

Un temps

De qui j'étais

Un temps

Restons-en là, enfant, tu peux t'en retourner

L'enfant se tourne et commence à partir

Mais, dis-moi, comment as-tu traversé la pluie
Sans que chacun de tes membres ne soit réduit
En une minuscule seconde à néant ?

L'ENFANT MERCENAIRE

Il existe un cristal que le plus terrifiant
Des acides ne pourrait pas même érafler
Mais ce cristal a pour particularité

De n'être visible qu'avec des yeux d'enfants
Si un jour, las d'ici, une ambition vous prend
De revoir l'aurore à nouveau, revoir l'en haut
Ne comptez pas voguer au sein de mon vaisseau
Il vous serait insoutenable, j'en suis sûr
D'être enveloppé, sans voir aucune armature
Dans l'écume de ces eaux qui vous épouvantent
Toujours au bord de la caresse calcinante
Sans qu'elle ne se fasse ailleurs qu'en votre tête

L'enfant s'en va

DUMUZI

Mais je ne t'ai rien demandé !

Il met le scaphandre et va refermer le portail

Ces oubliettes
Sont mon nouvel empire et je vais le fêter
Grâce à ce beau cadeau que j'ai à déballer !

Il enlève la cellophane du visage de sa sœur, la prend par la nuque
et la serre contre lui

Tu m'as tant manqué ô douce Geshtinanna
C'est si bon de te sentir enfin dans mes bras

Il lui caresse les cheveux

Et moi, chuchote-le, t'ai-je manqué un peu ?

Il commence à les tirer, puis lui agrippe le visage en enfonçant ses
ongles dans sa peau, elle reprend connaissance et se met à crier, à se

débattre

Bien sûr que non ma sœur, je le sais, consens-le
Tu serais revenue sinon… de ton plein gré !

GESHTINANNA

Arrêtez, lâchez-moi…

DUMUZI

Tu t'étais engagée !

GESHTINANNA

Ordure de frère, je reconnais ta voix
Dépêche-toi de retirer tes mains de moi

DUMUZI

Ta promesse… Tu m'avais juré de venir
Me relever de mon effroyable martyr
La moitié de l'année, mais tu ne vins jamais
Pourquoi, Geshtinanna, m'avoir abandonné ?

GESHTINANNA

J'avais juré, mais sous le coup de l'émotion
Et à mieux cogiter quant à cette impulsion
Je me suis dis que tu ne méritais mon aide
Le mal que tu m'as fait petite est sans remède

Il la lâche

C'est donc toi, mon grand frère, qui lui ordonna
De recouvrir son corps consumé de gravats
Elle était si sagace et n'avait que sept ans
Elle était tout un monde et pourtant qu'une…

DUMUZI

Enfant…

Les yeux dans le vide, triste

Elle en rêvait toutes les nuits, moi tous les jours
Mais le sort est inique et fait des mauvais tours
J'aurais voulu me farfouiller l'épididyme
Au dégorgeoir pour récupérer une infime
Partie de ces enfants que notre plénitude
Appelait follement… Oui, j'ai la certitude
Que j'aurais pu devenir ce père admirable
Et je suis dans un trou, le roi le plus minable…

Un temps

De tous les nourrissons, tu fus le plus mignon
Je jouais du tam-tam sur ton petit bidon
Une fois, tu devais avoir trois ou quatre ans
Tu es partie de la maison, pieds nus, errant
Dans la ville, très tôt le matin, sans raison
J'ai eu si peur…

GESHTINANNA

Arrête donc cette effusion
De mièvreries mélancoliques, je te hais !
Les seuls que j'ai aimés, tu les as décimés
J'échoue à trouver quelque part dans ma mémoire

Un seul moment de joie, elle est un réservoir
De tristesses, de coups, d'injustices, de pleurs
Tu brisas ma jeunesse et tu mènes l'horreur
Qui scelle une vie d'adulte menée sans toi

DUMUZI

Tu es, Geshtinanna, de bien mauvaise foi !
Moi je n'ai de nous deux que de beaux souvenirs
Je me revois, pour une pomme, m'accroupir
Et t'élever de mon dos jusqu'au fruit pendu
Que tu volas et dont nous nous sommes repus

GESHTINANNA

Tu fabules
DUMUZI

     Non ma sœur, c'est toi qui oublies
Tu filtres, ne vois que les élans de furie
Ensevelissant tout l'amour que je mettais
Dans de petits gestes…

GESHTINANNA

     Petits gestes noyés
Dans les averses de tes gifles amicales

DUMUZI

Je ne peux rien te dire, tu renvois le mal
Que j'ai fait malgré moi, mais je vais te prouver
La grandiose affection dont tu étais l'objet

Rappelle-toi le jour où Père m'a posé
Sur le rebord en menaçant de me jeter
Je l'ai supplié de te précipiter, toi !
Te délivrant par là du plénier désarroi
Qui forme la médulle de notre existence

GESHTINANNA

Je n'avais que trois ans, j'incarnais l'innocence
Au lieu de me sauver, tu te serais damné

DUMUZI

Et cette fois où j'ai si longuement argué
Auprès de Mère pour qu'elle ne soit pas dure
Avec toi lorsqu'elle aperçut les échancrures
Que j'avais faites dans le ventre de la bonne
Et qu'elle te vit près d'elle

GESHTINANNA

                        Ce qui m'étonne
C'est que tu omets la faim et les coups de fouets
Sous lesquels, malgré tout, je n'ai pas avoué
Que tu étais l'auteur de cette « expérience »

DUMUZI

Baissant les yeux

Je voulais savoir ce que devient la semence
Je voulais découvrir le secret de la vie

GESHTINANNA

Je crois que c'est là ta plus grande ignominie
Ce n'est pas le calvaire que tu me fis vivre
Et dont j'attendais que les années me délivrent
Mais que tu t'efforces de me faire accepter
Que c'est moi qui me montre inapte à déceler
Toute l'aménité dissimulée derrière
Les perfidies qui s'ajoutaient…

DUMUZI

                                      Je suis sincère

GESHTINANNA

Tu es un monstre. Tu m'étranglais, me volais
Vendais ou broyais tout ce qui m'appartenait

DUMUZI

Les larmes aux yeux

Je n'ai pas fait ça, non… Je n'ai pu faire ça…

GESHTINANNA

Sans cesse…

DUMUZI

       Le remord me fore, n'est-ce pas
La marque souterraine de l'attachement

Que je n'ai jamais su te montrer autrement ?

GESHTINANNA

Tue-moi tout de suite, je ne veux plus t'entendre
Et ma fille m'attend

DUMUZI

Non, nous allons attendre
Ensemble, réunis, que les murs se lézardent
Et tu la reverras, ta petite bâtarde

GESHTINANNA

Comment oses-tu…

DUMUZI

Jusqu'ici, on murmurait
Que tu ouvrais les cuisses pour tous tes valets !

Elle lui saute dessus et l'assène de coups, il la repousse, elle fonce vers la porte, fermée à clef, il la maîtrise et lui attache les poignets

Laisse-moi me nourrir en paix de ton visage
Et traquer, grâce à lui, d'apaisantes images
De nous papillonnant sans monde autour de nous
Les contours se font plus inquiétants et plus flous
Mais je refuse de les voir se délayer
Tous ces instants de grâce et de complicité

GESHTINANNA

La rouille du cachot s'est incrustée en toi
Elle a rongé ton esprit, si bien que tu crois
Que tes rêves et notre passé ne font qu'un
Était-ce de la grâce, toi levant la main ?
Étais-tu mon complice quand tu me blâmais ?

DUMUZI

Je sais, au fond de moi, qu'ils se sont déroulés
Ces moments d'accalmies où nous étions tous deux
Comme liés par-dessus tout, comme amoureux…
Te souviens-tu de la grande cérémonie
Où je t'avais trouvée terriblement jolie
Tu étais la mariée, moi j'étais le soldat
Tu portais des gants de dentelles et des bas
J'ai glissé ma main sur eux, j'aimais la texture
Puis, je t'ai allongée…

GESHTINANNA

C'était une torture

DUMUZI

Mais j'étais doux pourtant

GESHTINANNA

Non tu t'y prenais mal

DUMUZI

Tu te trémoussais…

GESHTINANNA

Simple spasme abdominal

DUMUZI

Tu mens, tu n'avais nul point de comparaison

GESHTINANNA

Je savais ce qui répugne et ce qui est bon

DUMUZI

Tu n'as jamais vomi

GESHTINANNA

Si, tu partais avant
Et quand tu revenais, j'avais lavé mes dents

DUMUZI

Tu te venges…

GESHTINANNA

C'est pourtant toi qui me séquestres
Qui m'a dépouillée, sarclée de ma vie terrestre
Et me garde en cette latomie sous-marine

Mais au lieu de m'acheminer vers ta doline
Pourquoi n'es-tu pas remonté à la surface
Avec cet enfant que tu as mis sur mes traces ?

DUMUZI

J'ai voulu mais je n'ai pas pu, j'ai vu, au bout
Dans la brèche, au centre de la plaque d'égout
Le point d'irradiation, cet éclat mordoré
Qui, en tombant, mange les yeux, et je voyais
Des faces de plâtres qui pleuvinaient sur moi
De la poussière, qui tapissaient les parois
Des cendres de leurs organes, puis se figeaient
Dans l'orbe du faisceau, et une fois passé
Les anges fanés rampaient vers le feu du jour

GESHTINANNA

C'est ce qu'il te faut, mon frère : fondre à ton tour

DUMUZI

Tu es, ma sœur, aussi de la race des anges

GESHTINANNA

Je n'ai pourtant pas d'ailes

DUMUZI

                        Ton dos te démange
Tous les jours, n'est-ce pas ? C'est parce que tes ailes
Sont comme des ongles incarnés dans ta moelle
Elles sont là, mais ont poussé vers le dedans

GESHTINANNA

Ce qui poussa, ce sont mes seins et l'incessant
Désir de vous voir souffrir toi et notre mère

DUMUZI

Elle t'aimait, savait ce que j'aimais te faire
Et m'a juré de m'égorger si je palpais
Une fois encore cette chair qui te fait
Je ne sais pas ce qu'elle appréhendait le plus
Les yeux des autres qui, tôt ou tard, l'auraient su
Ou les miens que la honte aurait rendus tranchants

GESHTINANNA

Je ne saurais dire pourquoi tu la défends
Elle s'est détournée sans le moindre remord

DUMUZI

C'est elle qui, à temps, m'enleva du rebord

Un temps

Aime-moi, puisque tu ne pourras pas me fuir

GESHTINANNA

Je fuirai ton regard

DUMUZI

          Tant d'ardeur pour détruire
Les efforts que je fais pour nous réconcilier…
Je fais un pas vers toi, pourrais-tu essayer ?

GESHTINANNA

C'est un instinct dont nous sommes tous détenteur
Nous reculons toujours devant ce qui écœure
Maintenant je t'ordonne de m'ouvrir la porte
Je préfère aller me dissoudre dans l'eau-forte
Ne plus jamais te voir, plus jamais t'écouter

DUMUZI

Tu resteras là

GESHTINANNA

Laisse-moi la retrouver

DUMUZI

Arrête un peu de larmoyer sur ton enfant
Les enfants minent les parents, en les perdant
On ne s'en relève jamais, quand on en veut
On crève de désir, et quand on ne le peut
On crève d'abattement, et quand on en a
On vit dans une intenable paranoïa
On redoute le mauvais œil et l'accident
On craint de les voir devenir en grandissant
À l'opposé de ce qu'on espérait qu'ils soient

Ta fillette n'a pas vécu assez de mois
Pour se former une âme, et ton corps te permet
De t'en faire une autre

GESHTINANNA

Hurlant

Le peu d'humanité
Qu'elle avait atteint valait déjà trente fois
Celle qu'il te reste

DUMUZI

Maintenant tu aboies
C'est bien, ta rage se mêle à mes arguties
Mieux vaut nous entretuer que mourir d'ennui !

GESHTINANNA

Que s'abattent sur toi les pires châtiments
Les plus intolérables, des siècles durant
Tout le temps qui reste au monde avant qu'il explose
Que les dieux du monde d'après te recomposent
Et relancent le cycle des atrocités

DUMUZI

Si je suis l'abjection dont tu fais le portrait
Pour qui tu fais le vœu de sévices sans fin
Alors je t'en supplie, révèle moi enfin
Pourquoi m'avoir fait croire que tu reviendrais ?

GESHTINANNA

Tu veux la vérité ? Je vais te la donner
On m'a dit que l'attente de ce qu'on espère
Peut devenir bien plus affreuse et délétère
Que la calme certitude du désespoir

DUMUZI

Je n'aurais jamais pu, un instant, concevoir
Que ma cruauté allait déteindre sur toi

GESHTINANNA

Tu l'admets !

DUMUZI

           Tu ne m'en laisses guère le choix…
Je ne veux plus me quereller, je te dirai
Le fin mot de tous tes pourquoi, je veux la paix
Entre nous et la paix au fond de ma carcasse

GESHTINANNA

La paix ? Tu ne veux pas non plus que je t'embrasse ?

DUMUZI

N'étions-nous pas en paix, lorsqu'on jouait petits ?
Te rappelles-tu de ces si beaux jours de pluie
Nous étions fascinés par tous ces éclairs mauves
Et les rugissements assourdissants de fauves

Que poussait le tonnerre, et tu disais « Regarde
Les feuilles, comme elles dansent, c'est une harde
Elles sont vivantes ! » Je te donnais raison !
On jouait à cache-cache dans la maison
Et tu perdais tout le temps. C'est la tragédie
De la vie d'adulte, notre corps s'agrandit
S'élargit, et nous ne pouvons plus nous lover
Dans les embrasures, dans leurs obscurités

Il s'approche d'elle

Mais je crois que mon âme est toujours troglodyte

Il lui prend les deux mains

Serre-la dans tes mains, je la sens qui me quitte
Qu'elle se contorsionne un peu, qu'elle revive
Les jeux de ces longues après-midi lascives
Où le déluge nous forçait à nous aimer

Elle retire ses mains violemment

GESHTINANNA

Interminables journées où tu m'obligeais
À compter, tout le temps, je ne crois pas avoir
Une seule fois pu me cacher dans l'armoire
De la chambre dont tu ne voulais pas franchir
La porte, sûr d'y avoir entendu glapir
Un spectre. J'étais certaine que la cachette
Aurait pu te vaincre, mais tu refusais net
De m'en donner la chance. Quand je te retrouvais
Tu me blessais, prétextant que j'avais triché

Et quand je ne te trouvais pas, la raillerie
Dont tu m'accablais faisait naître en moi l'envie
De t'écarter, de mes propres mains, les mâchoires
Si bien qu'il t'aurait fallu de l'aide pour boire
Et manger.

DUMUZI

Quelle sauvagerie je t'inspire !

GESHTINANNA

Tu n'es qu'un cauchemar que je voulais bannir
De mon crâne encore décoré d'hématomes

DUMUZI

Et toi la rêverie qui me servait de baume
Atténuant l'affre d'une vie sans tendresse
Mais parfois le songe se tissait de détresse
Apprenant ta mort, je me jetais dans un lac
Puis je me réveillais, baignant dans une flaque
De pleurs, de sudation, de mucus et de bave
Tu étais, dans ce flot, le trésor, moi l'épave
Mon corps avait, par tous ses pores, plu la vie
Et l'idée me vint de te ramener ici

GESHTINANNA

C'est incroyable : aucun de tes mots ne m'atteint !
Tes discours ennuyeux n'auront-ils pas de fins ?

DUMUZI

Dans certains royaumes lointains, m'a dit un jour
Un jeune garçon à qui j'ai porté secours
En faisant de ma cité sa terre d'asile
Le déshonneur d'un village face à l'idylle
D'un frère et d'une sœur est si fort qu'ils les traquent
Les croyant habités d'entités démoniaques
Ils sont lancés dans le fleuve qui les emporte
Et les deux amoureux disparaissent de sorte
Qu'aucune tombe ne rappelle le méfait
Le flux les purifiant, l'honneur est racheté

GESHTINANNA

N'as-tu pas entendu ce que je viens de dire ?

DUMUZI

Je l'ai fait, mais je voulais simplement décrire
Ce que tu es pour moi. Et ce que tu m'as dit
Depuis ton arrivée me montre l'infamie
Comme tu la vois toi : le brutal, l'innocente
Mais la mort, ô ma sœur, y est indifférente !
Je vais me balancer à mon tour dans le fleuve
Et te donner enfin l'irréfutable preuve
Que je hais plus que toi ce frère que tu fuis
Je voulais seulement, dans cette horrible nuit
Revoir étinceler une étoile et partir

Il s'empare du scaphandre et lui met de force

GESHTINANNA

Mais que fais-tu ?!

DUMUZI

Je sens le toit s'appesantir
Laisse-moi t'aider, je ne veux pas que tu brûles

Geshtinanna crie des bribes de phrases que le scaphandre empêche de comprendre

Il est temps pour moi de quitter cette cellule

Il se dirige vers l'antichambre, tout en se déshabillant

Tu ne veux pas me pardonner ? Je vais le faire
Ce sera comme la panse de notre mère.

Il ramasse la clé jetée dans le coin, ouvre, referme à double tour et s'en va se dissoudre dans la pluie. Geshtinanna se traîne vers la porte, se cogne plusieurs fois la tête contre elle et réussit à se débarrasser du scaphandre. Elle s'acharne, les poings toujours liés, à tenter de la fendre sans succès. Elle hurle « Dumuzi », en boucle, et s'effondre.